ル・クルーゼで日々のごはん

松田美智子

はじめに

ル・クルーゼの鍋だと料理が必ずおいしく仕上がります。
ほかの鍋とどう違うのでしょう。

ル・クルーゼの鍋の大きな特長はふたつ。ひとつは厚底だということ、
もうひとつはホウロウ製だということです。
この特長のおかげで、こんなメリットが出てきます。
1 厚底で熱のまわりが均等だから、ふんわりした熱が鍋全体に行き渡り、
料理をおいしく仕上げます。
2 保温性に優れているため、料理が冷めにくくなります。
3 材料が焦げつきにくく、仕上がりがきれい。
4 ホウロウだから酸にも強い。ジャム作りやお酢たっぷりの煮ものも大得意です。
5 においが鍋に残りません。白いご飯、香辛料たっぷりの煮もの、
繊細な味わいの和菓子など、においを気にせず、ひとつの鍋で作れます。

そんなル・クルーゼの鍋と私が出会ったのは今から30年近く前。
外国の雑誌で見て、カワイイお鍋だなと思っていたところ、
私の恩師であるホルトハウス先生のお教室でそのお鍋を発見。
実際に使ってみて、最初は鍋の重さに驚きました。
でもそのお鍋で作った料理の出来上がりのおいしさに重ねてびっくり。
そして、鍋ごとオーブンで煮込むというその調理法に、
3度目の驚きを覚えたのを記憶しています。

はじめてのヨーロッパ旅行の際には、だから迷わず、
直径24cmの、オレンジ色のル・クルーゼ鍋（ココット・ロンド）を買いました。
その重い鍋を大切に胸に抱えて飛行機に乗り込んだことを、今でも覚えています。
本格的に料理教室をはじめた12年前にも、お教室用に買い揃えました。
私の教室に通われる生徒さんも、教室で使ってみて
出来上がりのおいしさに感激し、皆さん買い揃えていらっしゃいます。

さて、ル・クルーゼはとにかく万能鍋！ フランス生まれですが、
洋食だけではなく、和食にも力を発揮してくれます。
焼きつけて煮込む、揚げる、オーブンで煮込む……。
ル・クルーゼで作れないものはほとんどありません。
この本では、ル・クルーゼの鍋で作る、かんたんだけどおしゃれな、
毎日食べたい日々の料理を紹介しています。

ル・クルーゼは丈夫な鍋、
本国フランスでは何代にもわたって使い続ける家庭があるほど。
長く使い続けると風合いも増してき、
そんな風に使い込んだ鍋は私の大事な物のひとつです。
皆さんも、日々のご飯作りに大切に活用して、
自分だけのル・クルーゼの鍋を育ててください。

松田美智子

もくじ

◎ まず、おいしいご飯を炊く

- 06 黒豆ときび入りの、もちもち玄米ご飯
- 08 贅沢かにピラフ
- 09 きのことごぼうの玄米チーズリゾット
- 10 干しえび、じゃがいも入りのほくほく炊き込みご飯

◎ うまみじんわりスープ

- 12 たっぷりの野菜を加えた七彩豚汁
- 14 豆乳とにんじんのあっさりクリーミーポタージュ
- 16 かぶのシンプルポタージュ
- 17 チャイニーズコーンスープ
- 18 トマトとベーコンのふんわり卵スープ

◎ 30分でテーブルに、かんたん煮もの

- 20 ボリュームたっぷりの肉じゃが
- 22 お母さんのなつかしポークカレー
- 24 かくし味いっぱいのかんたんハヤシライス
- 26 するめいかと里いもの田舎煮
- 27 ごぼうとれんこんのアンチョビ煮 サワークリームあえ
- 28 ハーブの香りがきいたさばの赤ワイン煮
- 30 スペアリブとれんこん、ごぼうのヘルシー筑前煮

◎ 野菜をおいしくいただく、あっさり煮

- 32 ソーセージとじゃがいも、キャベツの酸っぱい煮込み
- 34 かぶと干しえびのかんたん煮もの
- 35 千切り大根のナンプラー煮
- 36 緑野菜のスープ煮
- 38 竹の子のシンプルおかか煮
- 39 黒ごまたっぷりのなすの煮もの
- 40 切り干し大根ときくらげ、豚肉のしっかり味の煮もの

◎ "ゆっくり"を楽しむ、ことことじっくり本格煮もの

- 42 牛肉と大根、キムチのピリ辛煮もの
- 44 豚かたまり肉とゆで卵のしょうゆ煮
- 46 たっぷり野菜としめじ入り牛肉のラグー
- 48 インド風チキンカレー
- 50 いわしの梅煮
- 51 豚バラ肉と白菜のトロトロ煮
- 52 鶏もも肉の白ワイン煮マッシュポテト添え

◎ 揚げものも、グラタンだって

- 54 骨も皮も丸ごと使った、いわしの岩石揚げ
- 56 シーフードと野菜のシンプルフライ
- 57 キングサーモンのモッツァレラチーズグラタン
- 58 オールドファッショングラタン

◎ 作り置きひとつ、アレンジ自在

- 61 2種のトマトを使ったトマトソース
- 62 【トマトソースを使って】トマトソースのペンネ
- 63 【トマトソースを使って】ミートボールのトマトソース煮込み
- 64 レモンの香りでさっぱり、ゆで鶏
- 65 【ゆで鶏を使って】きゅうりとみょうがのさっぱり甘酢あえ
- 66 【ゆで鶏を使って】ゆで鶏とクリームチーズ、セロリのかんたんオープンサンド
- 67 ごま油で香りをプラス、牛肉の佃煮風
- 68 【牛肉の佃煮風を使って】牛肉の混ぜご飯
- 69 【牛肉の佃煮風を使って】れんこん、新ごぼうを合わせた定番煮もの

◎ 手軽にスイーツ

- 70 ぷるんぷるんのわらび餅
- 72 甘栗入りオリーブオイルの蒸しケーキ
- 74 昔風カスタードアイスクリーム
- 75 シナモンの風味がきいたリンゴの赤ワイン煮
- 76 いちごとオレンジ、青こしょうのコンフィチュール

- 78 食材別索引

〈レシピ中の表記について〉 ●電子レンジは500Wを使用しています。 ●カップ1=200cc、大さじ1=15cc、小さじ1=5ccです。
●砂糖はすべて三温糖を使用。 ●オーブンの焼き時間や温度は機種によって異なります。あくまで目安と考えてください。
●ル・クルーゼで調理するときは、強火で長時間加熱はしないでください。本書で「強火」と記している場合は、「火を短時間強める」の意味です。
●ココット・ロンドのサイズは22cmを原則的に使用しましたが、量の多いレシピは24cmのものを使うと、さらに作りやすいです。

まず、おいしいご飯を炊く

ル・クルーゼの鍋で一番最初に作ってほしい料理は「ご飯」。
白飯はもちろんのこと、豆や野菜を炊き込んだ
具いっぱいのよくばりご飯も、10分火にかけ10分蒸らせば出来上がり!
さあ、鍋いっぱいにつやつやと光るふっくらご飯を、
おいしい湯気ごといただきましょう。

黒豆ときび入りの、もちもち玄米ご飯

材料 4人分
A 黒豆 ── ½カップ
　玄米 ── 1カップ
　白米 ── 1カップ
　水 ── 2½カップ
きび ── 大さじ2

作り方
1 黒豆、玄米はそれぞれ1時間水につけ、15分水きりする。
　白米は10分水につけ、15分水きりする。
2 材料Aをすべて合わせて鍋に入れる。
　ふたをして強火で沸騰させ、火を弱めて12〜15分炊く。
3 きびを入れて、10分蒸らす。全体に大きく混ぜて、盛る。

one point
∴ 黒豆に含まれるレチノールのおかげで、もちもちの仕上がりに。
もちきびは仕上がりに加えて蒸らせばぷちぷちの食感が楽しめます。
∴ 9月は新豆の季節。できればぜひ新豆で作ってほしいメニューです。
古い豆を使う場合は、水を少し多めに加えます。

さわやかなエシャロットの風味がきいた、
贅沢かにピラフ

材料 4人分
米 —— 2カップ
Ⓐ オリーブオイル —— 大さじ1
　 バター —— 大さじ1
エシャロット —— 4本 [みじん切り]
Ⓑ 白ワイン —— 1/3カップ
　 水 —— 1 1/2カップ
かに肉 —— 150g [軟骨を除いて身をほぐす]
Ⓒ 塩 —— 小さじ1 1/2
　 白こしょう —— 少々
　 オールスパイス —— 小さじ1/4
Ⓓ バター —— 大さじ1
　 白こしょう —— 少々
Ⓔ パセリのみじん切り
　 パルメザンチーズ

作り方
1　米をといで水に10分つけ、15分水きりしておく。
2　鍋にⒶを合わせて火にかけ、バターが溶けたらエシャロットを炒める。米を加え、透き通るまで炒める。
3　Ⓑを順に加え、煮立ったらかに肉を加える。Ⓒで調味して大きく混ぜ、ふたをし弱火で15分炊く。
4　炊き上がりにⒹを加え、10分蒸らして全体をざっくり混ぜる。好みでⒺをあしらっていただく。温泉卵を合わせてもよい。

ドライトマトのうまみとチーズの塩味でいただく、
きのことごぼうの玄米チーズリゾット

材料　4人分
A にんにくみじん切り ── 大さじ1
　 オリーブオイル ── 大さじ2
発芽玄米 ── 1カップ
干ししいたけ ── 3枚［水1カップでもどし、みじん切りに］
ごぼう ── 1本［皮ごとささがきにし、水にはさらさない］
白ワイン ── 1/3カップ
B チキンスープ ── 約3 1/2カップ
　 （しいたけのもどし汁を含む）
セミドライトマトまたはドライトマト ── 1/4カップ
パルメザンチーズ ── 1/4カップ
C 塩 ── 小さじ1/2〜1
　 白こしょう ── 少々
パルメザンチーズ

作り方
1　鍋にAを合わせ中火で炒め、
香りが立ったら、発芽玄米を洗わずそのまま加え、
焦がさないようによく炒める。
2　干ししいたけ、ごぼうの順に加えて炒め、白ワインを
入れる。約1/2〜2/3カップぐらいのBを加えて、玄米が
水分を吸いきったら次の水分を加えるというように、
玄米のかたさをみながらスープを足していく。
3　アルデンテ手前のかたさになったところで、
セミドライトマト、パルメザンチーズの順に加え、
玄米のかたさと味をみて、Cで味を調える。
器に盛り、好みでパルメザンチーズを加えていただく。

すだちの酸味さわやか
干しえびのうまみがご飯全体に広がった、
ほくほくじゃがいも入りの炊き込みご飯

材料　4人分
Ⓐ 米 —— 2カップ
　　干しえび —— ¼カップ［乾燥したまま粗みじんに刻む］
　　じゃがいも —— 大1個（200g）［1cm角に切る］
　　水 —— 2カップ
　　酒 —— ¼カップ
バター —— 大さじ1〜2
すだち

作り方
1　米をとぎ10分浸水させ、15分水きりする。Ⓐを合わせ鍋に入れてふたをし、強火にかける。噴いたら弱火にかえて、約10分炊く。
2　炊き上がりにバターを落としてふたをし10分蒸らし、全体を混ぜる。
すだち等のかんきつ類を絞ると風味が増す。
また、いただくときに好みでさらにバターを落としても。

one point
∴ 米はしっかり水きりします。
米粒をさわってみて完全に乾いているのを確かめてから水を加え、炊きはじめます。

11

うまみじんわりスープ

どっしり重いル・クルーゼ鍋の「ふた」。
汁をたくさん鍋に入れても、この重さで噴きこぼれしないのです。
ちょっとの時間で出来上がる、野菜のうまみが詰まったスープは、
忙しい朝、のんびりしたい昼、そしてじんわりあったまりたい夜……、
いつでも食べたい一品です。

7種の食材を楽しめる、たっぷりの野菜を加えた七彩豚汁

材料　4人分
こんにゃく —— ½枚
塩 —— 大さじ1
B しょうがみじん切り —— 大さじ1
　 ごま油 —— 大さじ1
豚三枚肉 [3cmに切る] —— 150g
C ごぼう —— 1本 [皮ごと乱切りに]
　 大根 —— 約7cm [乱切り]
だし —— 5カップ
にんじん —— 約7cm [小さめの乱切りに]
みそ (2種類を合わせて) —— 大さじ2〜3
ねぎ —— ¼本
一味唐辛子

作り方
1　こんにゃくに塩をふってすり込み、
鍋に入れて水 (分量外) を加え、10分ほどゆでてくさみを抜く。
2　1を水にとり、5mm厚さの短冊に切る。鍋にこんにゃくを入れて弱火で
からいりし、こんにゃくからキュンキュンと音が出でるくらいまで炒める。
3　2の水分がとんだところにBを鍋に合わせて中火で炒め、香りが立ったら
豚肉を炒め、Cを加えてさらに炒める。
4　だしを加え、一度煮立ててアク、脂をすくう。
野菜の食感を残すため、ふたをせずに煮て野菜が好みのかたさになったら、
にんじんを加えてさっと火を通し、みそを溶き入れ、味をみて火をとめる。
5　ねぎを縦半分に切り、芯を除き小口に切って水にさらす。
しっかり絞ったさらしねぎと、一味唐辛子を添えていただく。

one point
∴ こんにゃくは塩をよくもみ込んでゆでたあとに、
味がよくしみるよう、最初から煮ていきます。
∴ にんじんは小さめの乱切りにして最後に加え、短時間で火を通して、
きれいな色味を残します。

皮ごと使ったにんじんの甘みを生かした、豆乳とにんじんのあっさりクリーミーポタージュ

材料　4人分
Ⓐ　しょうがみじん切り — 大さじ1
　　バター — 大さじ2
にんじん — 1本（300g）[皮ごと薄切りに]
Ⓑ　チキンスープ — 1カップ
　　ローリエ — 1枚
　　ナツメグ — 小さじ½
　　クミンパウダー — 小さじ⅓
Ⓒ　チキンスープ — 1カップ／豆乳 — 1カップ
Ⓓ　塩 — 小さじ1
　　こしょう — 少々
バゲット／バター

作り方
1　鍋にⒶを合わせて炒め、にんじんを加えよく炒める。
2　Ⓑを加えて煮立て、余分な脂をすくい、ふたをして弱火で10分煮る。
ローリエを取り除き、フードプロセッサーにかけてなめらかにする。
3　2を鍋に戻し、Ⓒを加えてあたため、味をみてⒹで調える。
豆乳が濃い場合は、チキンスープを入れて味を薄める。
4　バゲットにバターを塗って軽くトーストしたものを器に置き、
スープをそそぐ。好みで、ナツメグまたはクミンパウダーをあしらう。

one point
∴ 豆乳は最後に加えて、あたためる程度に火を通します。
火を通しすぎると、どろっとした仕上がりになるので注意。
∴ 仕上がりにナツメグを削ったもの、あるいはクミンパウダーを加えれば、
風味が増して、さらにおいしさアップ。

バターでよく炒めたにんじんに、
チキンスープを加えて10分煮ます。
ローリエを加えてさわやかな風味をプラス。

朝食にぴったり、かぶのシンプルポタージュ

材料　4人分
バター —— 大さじ2
かぶの実 —— 5〜6個（300g）[皮ごと薄切りに]
バゲットパンの白い部分 —— 1カップ分
Ⓐ　チキンスープ —— 1½カップ
　　白ワイン —— 大さじ3
牛乳 —— 2カップ
Ⓑ　塩 —— 小さじ½
　　白こしょう —— 少々
かぶの茎 —— 6〜7本 [薄切り]
クルトン

作り方
1　鍋にバターを熱してかぶを入れ、透き通るまで中火で炒める。
2　パンの中身をちぎりながら1に加えてさっと炒め、Ⓐを加えて一度沸騰させ、浮いた脂をすくう。
3　ふたをして、かぶがやわらかくなるまで煮る。フードプロセッサーにかけてなめらかにし、手つきのざるなどでこして、さらに食感をなめらかにする。
4　鍋に戻し、牛乳を加えてさっとあたため、Ⓑで味を調え、かぶの茎をあしらう。好みでクルトンを浮かべても。

one point
∴ 牛乳の量は、かぶの甘さで加減。味をみながら加えていきます。

生の粒コーンのシャキシャキ感と
さわやかな甘みを味わう、チャイニーズコーンスープ

材料　4人分
Ⓐ スイートコーン缶 ── 2カップ
　　とうもろこし ── 1本
Ⓑ チキンスープ ── 5カップ
　　とうもろこし ── 1本
紹興酒 ── 1/4カップ
生クリーム ── 1/2カップ
卵黄 ── 1個
Ⓒ 塩 ── 小さじ1
　　白こしょう ── 少々
Ⓓ コーンスターチ ── 小さじ1
　　水 ── 大さじ2
オリーブオイルまたはごま油／香菜

作り方
1　とうもろこし2本は皮はむき、包丁で実をこそぐ。
Ⓐを合わせてフードプロセッサーにかける。
Ⓑと合わせ、鍋に入れて煮立て、紹興酒、生クリームの順に加え、
煮立てないように気をつける。
2　卵黄を入れたボウルに1のスープを少量ずつ加え、
卵黄をなじませる。Ⓒで味を調え、Ⓓで軽いとろみをつける。
3　器に盛り、好みのオイルを落とし、香菜をあしらう。

one point
∴ オリーブオイルならさわやかな風味、ごま油を落とせば、
香りが際立つ中国風。どちらもおすすめ！

ベーコンのうまみと
トマトの酸味がベストマッチ!
トマトとベーコンのふんわり卵スープ

材料　4人分
A　にんにくみじん切り ── 小さじ1
　　オリーブオイル ── 大さじ½
ベーコン ── 4枚 [1cm幅に切る]
完熟トマト ── 2～3個 [皮と芯を除きザク切りに]
三温糖 ── 小さじ1
B　チキンスープ ── 4カップ
　　白ワイン ── 大さじ3
C　塩 ── 小さじ1
　　こしょう ── 少々
卵 ── 2個 [よく溶く]

作り方
1　鍋にAを合わせて中火にかけ、
香りが立ったらベーコンを加え、脂が出るまでしっかり炒める。
2　トマト、砂糖の順に加えて炒める。Bを入れて煮立て、
アクと脂をすくう。味をみてCで調える。
3　スープが沸き立ったところに、細い線状になるよう高い位置から、
穴あきお玉を通して卵を流し入れ、すぐに火をとめる。

30分でテーブルに、かんたん煮もの

材料を切って鍋に入れ、食卓に上がるまでの時間はたったの30分。
熱伝導性の高いル・クルーゼの鍋の一番のお得意は煮もの！
筑前煮やカレー、いかと里いもの煮ものなど
定番料理を中心に、短時間でさっと出来る
「かんたん煮」をご紹介します。

牛肉とじゃがいもがゴロリ！
ご飯にぴったり、ボリュームたっぷりの肉じゃが

材料　4人分
- Ⓐ しょうが千切り ── 大さじ1
-   ごま油 ── 大さじ1
- 牛肩ロース ── 300g [5cm大に切る]
- じゃがいも ── 500g
  [半分に切って皮をむき、面取りする。面取りした部分も水にさらす]
- 三温糖 ── 大さじ2
- Ⓑ 酒 ── ½カップ
-   水 ── 2カップ
- しょうゆ ── 大さじ3
- 青ねぎ ── 2〜3本 [斜め薄切り]

作り方

1　鍋にⒶを合わせて中火で炒め、香りが立ったら牛肉を加え炒める。色が変わったところで、じゃがいもの面取りした部分を、ちぎりながら加え炒める。面取りで残ったじゃがいもをこのように先に炒めてとろみを出し、じゃがいもをあとで加えれば煮くずれずにコクのある肉じゃがが出来る。

2　じゃがいもを加えて透き通るまで炒め、三温糖を加え、じゃがいもに照りが出るまで炒める。

3　Ⓑを加えて煮立て、アクと脂をすくう。火を弱め、ふたをして15分煮る。味をみてしょうゆを加え、さらに10分煮る。

4　粗熱がとぶまでおき、いただくときにあたため、器に盛って青ねぎをあしらう。

one point

∴ 面取りしたじゃがいもを炒めた際にくずれてとろみがつくことで、味がからみやすくなります。

∴ 砂糖をからめながら照りが出るまで炒めると、味が具の中までしみやすくなります。こうすると、砂糖は少量でOK。

お野菜ゴロゴロ、お母さんのなつかしポークカレー

材料　4人分
Ⓐ 豚肩ロース肉 ── 300g［2cm角に切る］
　　塩 ── 小さじ1
　　こしょう ── 少々
　　カレー粉 ── 大さじ1
小麦粉 ── 大さじ2
オリーブオイル ── 大さじ1
Ⓑ にんにくみじん切り、しょうがみじん切り ── 各大さじ1
オリーブオイル ── 大さじ1
玉ねぎ ── 1個［みじん切り］
カレー粉 ── 大さじ2〜3
Ⓒ れんこん ── 1節［小さめの乱切りに］
　　ごぼう ── 1本［皮つきのまま小さめの乱切りに］
　　じゃがいも ── 大1個［2cm角に切る］
三温糖 ── 大さじ1
Ⓓ チキンスープ ── 3カップ
　　酒 ── 1/4カップ
Ⓔ オイスターソース ── 大さじ1
　　しょうゆ ── 大さじ1
にんじん ── 1/3本［小さめの乱切りに］

作り方
1　Ⓐを合わせて、調味料を肉にもみ込む。10分おいて小麦粉をまぶし、鍋にオリーブオイルを熱して、肉に焼き色をつけ、取り出す。
2　Ⓑを熱し、香りが立ったらオイルを足し、玉ねぎをよく炒める。
3　カレー粉を加え、しっかり炒めて香りを出す。Ⓒを加え、鍋底をこそぐように炒め、1の肉を戻し、三温糖を加えて照りが出るまで炒める。
4　Ⓓを加えて一度沸騰させ、アクと脂をすくう。ふたをして15分煮たあと、ふたを取り、Ⓔを加えて味を調える。にんじんを加え、好みのかたさに火を通す。ご飯にかけていただく。

one point
∴ カレーライスに飽きたら、カレーをだしとめんつゆで割り、うどんを入れて煮込んだ「カレーうどん」もおすすめ。

マスタードをもみ込んだ牛肉は
やわらか＆ちょっぴりスパイシー！
かくし味いっぱいのかんたんハヤシライス

材料　4人分
A　牛もも肉（霜降り）── 400g [5mm厚さ、2cm幅に切る]
　　塩 ── 小さじ1
　　こしょう ── 少々
　　粒マスタード ── 大さじ1
小麦粉 ── 大さじ2
B　オリーブオイル ── 大さじ2
　　にんにくみじん切り ── 大さじ1
玉ねぎ ── 1個 [5mm厚さに切る]
三温糖 ── 大さじ1
C　ブランデー ── 大さじ2
　　赤ワイン ── 1カップ
　　ドミグラスソース ── 2カップ
D　ローリエ ── 2枚
　　タイム（パウダー）── 小さじ1/3
しょうゆ ── 大さじ1
E　グリンピース ── 1/3カップ [さやから出して]
　　塩 ── 小さじ1
温泉卵 ── 4個

作り方
1　Aを合わせてもみ込み、10分おく。
さらに、1切れずつに小麦粉をまぶす。
2　Bを鍋に合わせ、香りが立ったら、1を少量ずつ加えて炒める。
3　2に玉ねぎを加えてさっと炒め、三温糖を加えて照りが出たら、
Cを順に加えて一度沸騰させ、アクと脂をすくい、
Dを入れてふたをし、ときどき混ぜながら弱火で10分煮る。
4　別の鍋にEを合わせて火にかけ、グリンピースがやわらかくなったら
火をとめ、そのまま煮汁にひたしておく。
5　3の味をみて、しょうゆで調える。出来上がったハヤシソースを
ご飯にかけて水けをきったグリンピースをあしらう。
好みで温泉卵をのせ、くずしながらいただく。

ふっくらやわらかなするめいかと里いもの、しょうがをきかせた田舎煮

材料　4人分
里いも——8個（約500g）
　［皮ごとよく洗って乾かし、おしりから皮をむく。
　大きい場合は半分に切り、面取りする］
Ⓐ だし——3カップ
　しょうが千切り——小さじ1
Ⓑ 酒——¼カップ
　生食用するめいかのわた——1ぱい分
　［しごいておく］
三温糖——大さじ1½
生食用するめいか——1ぱい
　［わたを取り置き、あしは5cm長さ、
　胴は2cm幅の輪切りに］
しょうゆ——大さじ4
大葉

作り方
1　Ⓐを鍋に入れて沸騰させ、里いもを加える。
さらにⒷ、三温糖を加えてふたを軽くずらし、弱火で15分煮る。
2　いかのあしと胴を加え、しょうゆを加えて、
ふたをせずに5分煮る。味が具にしみるように、
できれば粗熱がとぶまでそのままおき、
食べるときにあたためる。大葉をあしらっていただく。

one point
∴ 里いもは皮をむいたあと、水にはさらさない。
そうすることで、割れたり煮くずれたりすることなく、
きれいに仕上げることができます。

さっと炒めて食感を残したごぼうとれんこんの
アンチョビ煮　サワークリームあえ

材料　4人分
- Ⓐ にんにく ── 1かけ［つぶす］
  オリーブオイル ── 大さじ1
- Ⓑ アンチョビみじん切り ── 小さじ1
  赤唐辛子 ── 1本
- Ⓒ れんこん ── 1節［小さめの乱切りに］
  皮つきごぼう ── 1本［小さめの乱切りに］
- Ⓓ 白ワイン ── 大さじ3
  サワークリーム ── 1/3カップ
- Ⓔ 薄口しょうゆ ── 大さじ1/2
  白こしょう ── 少々

作り方
1　Ⓐを鍋に合わせ、香りが立ったらⒷを加えて炒め、Ⓒを加え色が変わるまで炒める。
2　Ⓓを順に加え、2〜3分煮る。Ⓔで味を調える。

one point
∴ ローストしたにんにくを添えてもおいしい！

トマトの酸味でさっぱり！
ハーブの香りがきいた、さばの赤ワイン煮

材料　4人分
さば ── 1尾 [2枚におろして半分に切り、身に何カ所か包丁を入れる]
A　塩 ── 小さじ1
　　こしょう ── 少々
　　にんにくすりおろし ── 小さじ1/3
小麦粉 ── 適宜
オリーブオイル ── 大さじ2
にんにくみじん切り ── 小さじ1
B　セロリ ── 1本 [5cm長さにし、縦に薄切り]
　　チェリートマト ── 8個 [へたを取り縦半分に切る]
アンチョビフィレ ── 3枚
C　ローズマリー ── 2茎
　　ローリエ ── 2枚
D　赤ワイン ── 1/2カップ
　　チキンスープ ── 1カップ
黄パプリカ ── 1/2個 [種とわたを取り、縦の薄切りに]
E　塩、こしょう ── 各少々

作り方
1　さばに、合わせたAをすり込み、小麦粉をつける。
中火でオリーブオイルをしっかり熱し、
さばの両面に焼き色をつけ、取り出す。
2　にんにくを1の鍋で炒め、Bを加えて炒め、アンチョビを加える。
3　Cを加えて鍋にさばを戻し、Dを順に加え、
一度沸騰させ、アクと脂をすくう。ふたをして7〜8分煮る。
4　ふたを取り、パプリカを加えてさっと煮る。Eで味を調える。

one point
∴　さばには味がしみやすいように下包丁を入れます。

セロリ、トマトなどの野菜は
バランスよく鍋に散らして煮ます。
パプリカは仕上げに入れてさっと煮、食感を残します。

ゆでて脂を抜いたスペアリブと、れんこん、ごぼうのヘルシー筑前煮

材料　4人分
ごま油 ── 大さじ2
スペアリブ ── 500g [6cm長さに切る]
A　しょうがみじん切り ── 大さじ1
　　ごま油 ── 大さじ1
黒こんにゃく ── 1/2枚 [塩大さじ1をもみ込み水を加え5分ゆで、ちぎる]
三温糖 ── 大さじ2
だし ── 2カップ
酒 ── 1/4カップ
B　れんこん ── 1節 [乱切りに]
　　ごぼう ── 2本 [皮ごと乱切りに]
C　しょうゆ ── 大さじ2〜2 1/2
　　にんじん ── 1/3本 [小さめの乱切りに]
　　さやいんげん ── 10本 (5cm長さに切る)

作り方
1　鍋にごま油をしっかり熱してスペアリブを炒め、
ひたひたの湯をそそぎ、ゆでこぼす。
2　1の鍋にAを合わせ、鍋底をこそぐように炒める。こんにゃくを加えて
水分をとばすように炒め、スペアリブを戻して、三温糖を加える。
3　具に照りが出るまで炒め、だしを加えて一度煮立てて、アクをすくう。
4　酒を加え、ふたをして10分煮、ふたを取ってBを加え、15分煮る。
最後に味をみながらCを加え、にんじんにさっと火を通し、
さやいんげんを入れて火を止める。

one point
∴ こんにゃくは下ゆですると、くさみと水分が抜け、
うまみがしっかり入り、味がよくしみ込みます。

野菜をおいしくいただく、あっさり煮

大好きな野菜は、じっくり火を通す煮ものにすれば甘み倍増。
おまけに量もたくさん食べられます。ドイツ風の煮込み料理や、
乾物野菜の煮ものなど、汁にも野菜のうまみがたっぷりの
野菜が食べたい日の煮ものです。

ソーセージとじゃがいも、キャベツの酸っぱい煮込み 黒パンを添えて

材料　4人分
- Ⓐ キャベツ —— 大1個
　　三温糖 —— 大さじ1
- Ⓑ にんにく —— 1かけ［つぶす］
　　ベーコン —— 3枚［1cm幅に切る］
- Ⓒ チキンスープ —— 3カップ
　　白ワイン —— 1カップ
- Ⓓ 塩 —— 小さじ2
　　白ワインビネガー —— 1/3カップ
　　キャラウェイシード —— 小さじ1
- フランクフルトソーセージ —— 4本
- じゃがいも（メイクイーン）—— 2個
　　［皮をむいて半分に切り、面取りする］
- マスタード／黒パン／バター

作り方
1　キャベツを2cm幅のざく切りにし、三温糖をもみ込んで10分ほどおく。
2　鍋にキャベツ、Ⓑ、Ⓒを合わせ、ふたをして沸き立たせる。
弱火にしてⒹを加え、かさが半量になるくらいまで約15分煮て、
水分と味をみる。足りなければ足し、ソーセージとじゃがいもを加え、
好みの加減に仕上げる。
3　マスタードを添え、バターを塗った黒パンなどとともにいただく。

one point
∴ キャベツと砂糖を合わせて余分な水分をしっかり外に出してから、煮込みます。
∴ キャベツの選び方をご紹介。巻きがあまいものがおいしいキャベツ。
巻きがきついキャベツは、芯がつぶれて、かたくなっています。

33

スープまでおいしい、
かぶと干しえびのかんたん煮もの

材料　4人分
かぶ（小）——7〜8個［茎を3cm残して皮をむく］
A　だし——1½カップ
　　酒——¼カップ
　　干しえび——大さじ2［粗みじんに切る］

作り方
1　かぶを鍋に並べ、Aを加えて中火にかける。
2　沸騰したら弱火にしてふたをし、4〜5分煮る。
汁もいっしょにいただく。

one point
∴ 干しえびは水でもどして、もどし汁といっしょに使うより、
もどさずそのまま使ったほうが、出来上がりのうまみが断然アップ！

冷たくしてしっかり味をしみこませた、千切り大根のナンプラー煮

材料　4人分
大根——10cm[5cm長さ、5mm角の棒状に切る]
Ⓐ　だし——1カップ
　　酒——¼カップ
ナンプラー——約小さじ2
・メーカーによって塩分濃度がまちまちなので気をつける

作り方
1　Ⓐを合わせて鍋に入れ、沸騰したら大根を加え、中火で煮る。
2　大根が透き通ってきたら、味をみながらナンプラーを加える。2〜3分煮て火をとめ、そのまま少しおく。あたためて熱々でいただいても、また冷たく冷やしてもおいしい。

やさしい味わい
さっと火を通して食感を残した、
緑野菜のスープ煮

材料　4人分
Ⓐ　チキンスープ──2カップ
　　白ワイン──大さじ2
Ⓑ　三温糖──小さじ1
　　バター──大さじ1
Ⓒ　グリンピース──1/4カップ［さやから出したもの］
　　芽キャベツ──8個［半分に切る］
グリーンアスパラ──1束［下のかたい部分を落とし、皮を薄くむく］
ベビーチンゲンサイ──8株
Ⓓ　塩──小さじ1/2
　　白こしょう──少々
セルフィーユ──4〜6茎

作り方
1　鍋にⒶを入れて沸騰させ、Ⓑを加える。
2　1にまずⒸを加え、少しやわらかくなったらアスパラを加え、火が通ったらチンゲンサイを加えて、Ⓓで味を調える。
材料を入れたらふたはせずに煮る。
3　野菜は好みのかたさで仕上げ、スープごとあたたかいうちにいただく。器に盛ってセルフィーユをのせる。

one point
∴ 春には菜の花を加えても。
∴ 異なる食感の野菜を組み合わせることで、より味わいが増します。

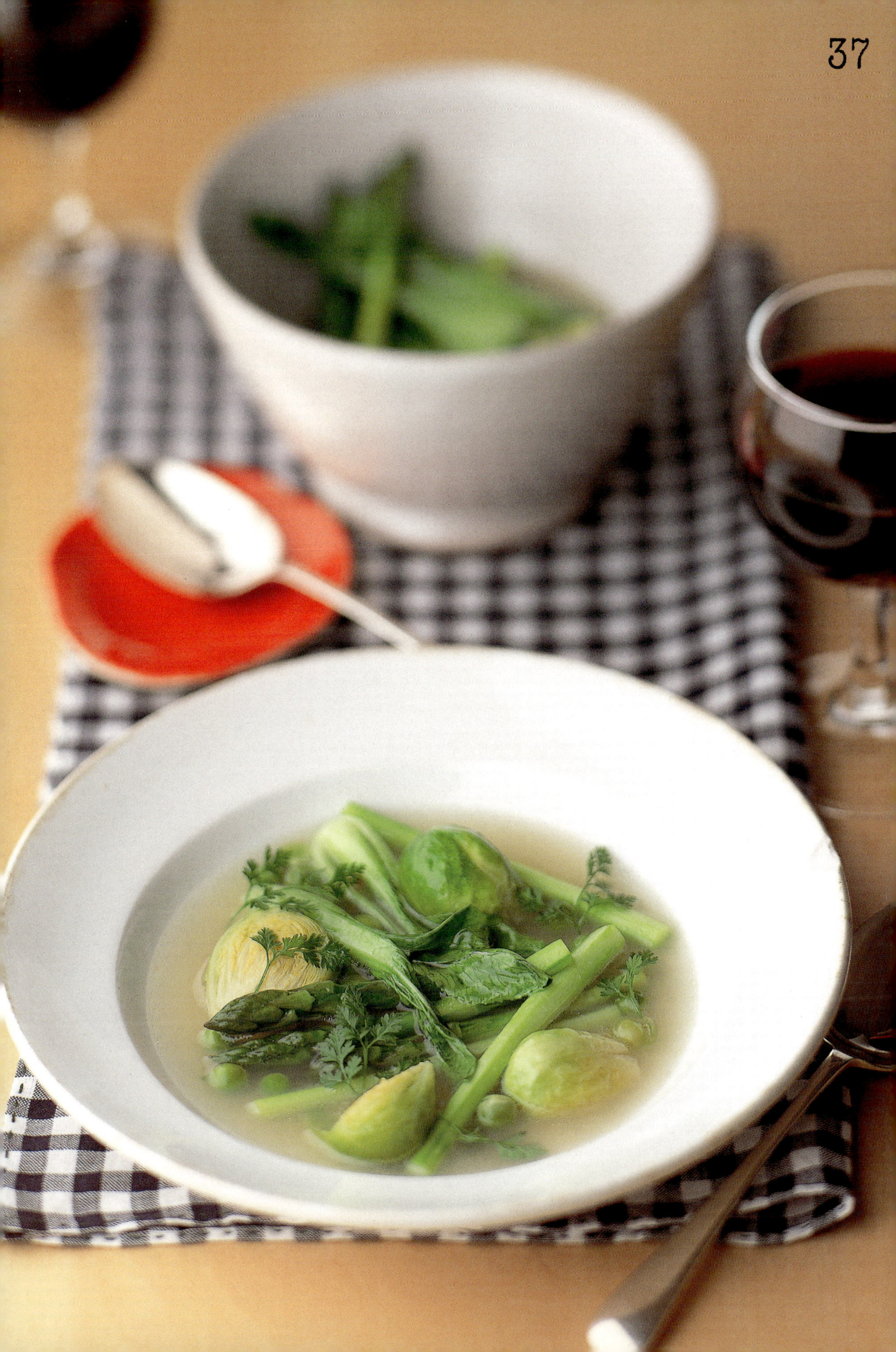

削り節の味を生かした
竹の子のシンプルおかか煮

材料　4人分
小さめのゆで竹の子 —— 2本
　［縦に4つ〜6つ切りにする］
Ⓐ　だし —— 2カップ
　　酒 —— ¼カップ
　三温糖 —— 大さじ1
Ⓑ　塩 —— 小さじ¼
　　削り節 —— ½カップ
薄口しょうゆ —— 大さじ2

作り方
1　鍋にⒶを入れて沸騰させ、竹の子、三温糖を加え、ふたをして弱火で10分煮る。
2　Ⓑを加え、味をみて薄口しょうゆで調える。

ごまの香りとコクが楽しめる
黒ごまたっぷり！ なすの煮もの

材料　4人分
なす —— 4本
塩 —— 適量
ごま油 —— 大さじ3〜4
A　だし —— 2カップ
　　酒 —— 1/4カップ
　　三温糖 —— 大さじ1
　　しょうがみじん切り —— 小さじ1
黒ごま —— 1/2カップ［いって七分ずりに］
B　みそ —— 大さじ1
　　しょうゆ —— 大さじ1〜2
みょうが —— 2個［斜め薄切りに］

作り方
1　なすはガクの部分をくるりとむき、縦半分に切る。
皮全体に縦5mm幅の切り込みを入れ、水分が抜けて
油を吸いにくくなるよう、薄い塩水につけておく。
2　軽くなすの水けを絞る。熱した鍋にごま油の半量を熱し、
なすを皮から入れてさっと焼く（途中で油を足しながら）。
3　一度なすを鍋から取り出す。Aを鍋に合わせ、
沸騰したところになすを加え、すりごまを加えてふたをし、
10分煮る。さらにBを加え、ふたをせずに2〜3分煮る。
器に盛り、みょうがをあしらう。しばらくおいて、
粗熱が取れたタイミングでいただく。

切り干し大根ときくらげ、豚肉のしっかり味の煮もの

材料　4人分
豚肩ロース肉 —— 150g [5mm厚さ、1cm幅に切る]
太めの切り干し大根 —— 50g [水でもどし、やわらかくなったら
　　水が透明になるまでよくもみ洗いし、水けを絞る]
きくらげ (生または乾物どちらでも) —— 大さじ2
　　[乾物の場合は水でもどして、生はそのまま千切りに]
干ししいたけ —— 2枚 [水1カップでもどし、千切りに]
A　ごま油 —— 大さじ1
　　しょうが千切り —— 小さじ1
三温糖 —— 大さじ1½
酒 —— 大さじ3
だし —— 2カップ (もどし汁を含む)
B　しょうゆ —— 大さじ2
　　塩 —— 少々
木の芽

作り方
1　鍋にAを入れて熱し、香りが立ったら豚肉を加え、炒める。
2　切り干し大根、きくらげ、干ししいたけの順に加えて炒め、三温糖を入れて、照りが出るまで炒める。
3　酒、続けてだしを加え、一度沸騰させてアクと脂を除く。ふたをして、ときどき混ぜながら10分ほど煮る。
Bで味を調え、木の芽をあしらう。

41

"ゆっくり"を楽しむ、ことことじっくり本格煮もの

インド風チキンカレーや、豚肉と卵の中華風煮ものなど、
本格的な煮込み料理がかんたんに出来るのも、ル・クルーゼの鍋だから。
厚い鍋底が熱を均等に伝え、重いふたのおかげで噴きこぼれしにくいので、
料理のうまみも逃げません。出来上がるまでの時間を楽しみたい、
ゆっくりじっくり、の煮ものです。

やわらか牛肉と大根、キムチのボリュームたっぷり　ピリ辛煮もの

材料　4人分
A　牛肩肉（霜降り）——500g [6cm角に切る]
　　しょうゆ——大さじ2
薄力粉——適宜
ごま油——大さじ1
大根——½本 [3cm厚さの半月に切り、面取りする]
B　にんにく、しょうが各みじん切り——各大さじ1
C　キムチ——1カップ [5cm長さに切る]
　　三温糖——大さじ1
D　チキンスープ——2½カップ
　　酒——¼カップ
E　しょうゆ——約大さじ1
　　こしょう——少々
青ねぎ [斜め薄切り]

作り方
1　Aを合わせ15分おく。水けを取って薄力粉を薄くつける。
2　鍋にごま油を入れて煙が立つまでしっかり熱し、1を入れて中火で全体を焼きつけ取り出す。大根を加え、油が足りなければ足しながら両面を焼きつけ、鍋から取り出す。
3　2の鍋にBを加えて炒め、Cを入れてさらに炒める。肉を戻し、Dを加え一度沸騰させ、具を端に寄せ、真ん中をあけてアクと脂をすくう。ふたをして、弱火で20分煮る。
4　3に大根を加えふたをして15分煮込む。味をみてEで調える。煮ものは冷めるときに味が中まで入るので、一度冷ましておき、いただくときに再びあたためるのがおすすめ。青ねぎなどを添えていただく。また、好みでトックを入れたりコチュジャンをつけても。

one point
∴　キムチは酸味があるもののほうがおいしく仕上がります。
酸味が足りないときは、調味料を加える際に酢大さじ1を加えます。

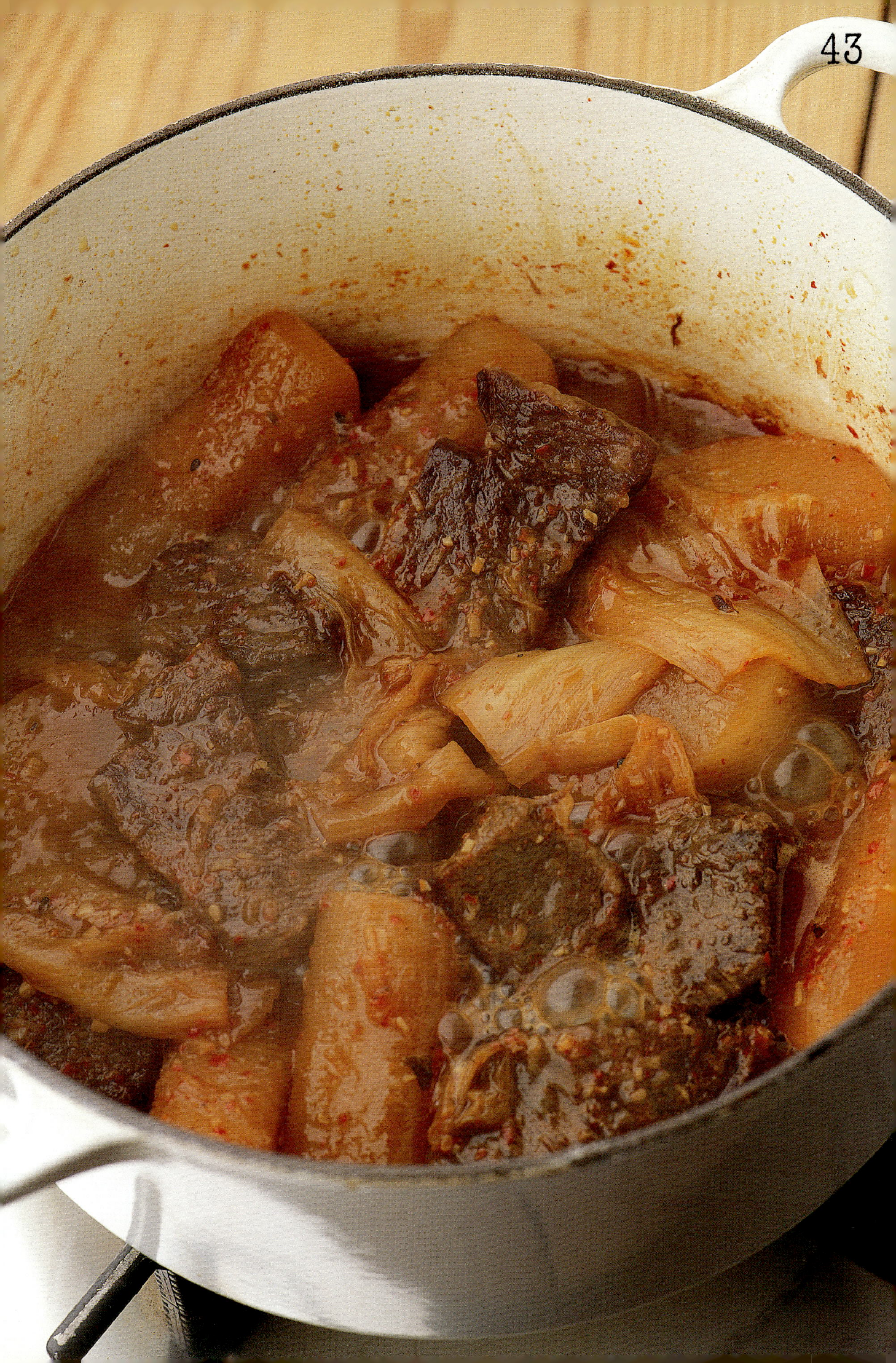

酸っぱいピリ辛のあんをかけた、豚かたまり肉とゆで卵のしょうゆ煮

材料　4人分・直径24cmの鍋を使用
豚肩ロースかたまり肉 ── 500g［たこ糸でしばり、形を整える］
塩、こしょう ── 各少々
ごま油 ── 大さじ1
Ⓐ　水 ── 8カップ
　　しょうがスライス ── 3〜4枚
　　ねぎの青い部分 ── 1本分
Ⓑ　紹興酒 ── ½カップ
　　八角 ── ½かけ
三温糖 ── 大さじ3
ゆで卵 ── 4個［殻ごとひびを入れる］
しょうゆ ── ⅓カップ
Ⓒ　煮汁 ── 1カップ／しょうゆ ── 大さじ1½
　　米酢 ── 大さじ2／トウバンジャン ── 小さじ½
水溶き片栗粉 ── 小さじ½
香菜

作り方
1　熱したごま油で、塩、こしょうをすり込んだ豚肉を全面焼きつけ、Ⓐを加え、沸騰させる。出たアクと脂を丁寧にすくう。
2　Ⓑを加え、三温糖を加えてふたをし、弱火で40〜50分煮る。
3　卵を加え、しょうゆを入れて20〜30分煮る。ふたをしたまま、粗熱をとばす。
4　3を温め直し、肉は大きめのひと口大に、卵は殻をむき、半分に切って器に盛る。
5　Ⓒを鍋に合わせてさっと煮溶かし、水溶き片栗粉で軽いとろみをつけたあんをかける。好みで香菜をあしらう。

one point

∴ 焼きつけることで、うまみを肉にとじ込めますが、このときふたをして焼くと、油が飛び散らずコンロまわりも汚れません。
∴ ひもでしばるのは、形を整える目的のほかに、肉のうまみを逃がさない効果もあります。
∴ 紹興酒はうまみを引き出す大事な調味料。中華料理用に1本持っておくと便利です。

(左)うまみを肉にしっかりとじ込めておくため、油で豚肉の全面を焼きつけます。
(右)肉のくさみを取るため、ねぎ、八角を入れて、ことこと煮ます。このとき、浮いたアクと脂は丁寧にすくっておくと仕上がりの味がちがいます。

45

セロリ、ピーマンの野菜のうまみたっぷり！
しめじ入り牛肉のラグー　パスタと合わせて

材料　4人分
牛切り落とし肉 ── 400g
A　塩 ── 小さじ1／こしょう ── 少々
B　にんにくみじん切り ── 大さじ2／オリーブオイル ── 大さじ2
C　玉ねぎ ── 1個［みじん切り］
　　にんじん ── 1/2本［みじん切り］
　　セロリ ── 1本［みじん切り］
　　ピーマン ── 2個［みじん切り］
トマト（大） ── 1個［皮と芯を除き、1cm大に切る］
D　三温糖 ── 大さじ1／タイム ── 小さじ1
　　ナツメグ ── 小さじ1/2／オールスパイス ── 小さじ1/2
E　ブランデー ── 大さじ3／赤ワイン ── 2カップ
しめじ ── 1パック
セミドライトマト（なければドライトマト） ── 1/4カップ
F　塩 ── 小さじ1〜2
　　しょうゆ ── 大さじ1
パスタ／塩

作り方
1　牛肉を、フードプロセッサーで粗みじん大にし
（プロセッサーがなければ手でちぎっても）、Aを合わせる。
2　鍋にBを入れて中火で炒め、香りが立ったら、
Cを順に加えてよく炒め、野菜のうまみを引き出す。
3　2に牛肉を加えて炒め、色が変わったらトマトを加え、
くずしながら炒める。
4　Dを加えてさらによく炒め、香りが立ったら、Eを順に加える。
アルコールがとんだら、ふたをして弱火で約30分、ときどき混ぜながら煮込む。
5　4にしめじをほぐして入れ、セミドライトマトを加え、2〜3分煮る。
味をみてFで調える。できれば、このまま粗熱がとぶまでおき、
いただくときにあたためると味がなじむ。
6　塩を加えた湯で、パスタをアルデンテにゆで、5のラグーをかける。

one point
∴　ドライより食感もやわらかく、色もきれいな赤のセミドライトマトを使って。
ドライトマトの場合は、さっとゆでてから使います。

47

インド風チキンカレー

材料　4人分
骨つき鶏もも肉 ── 4本 [ぶつ切り]
A　塩 ── 小さじ1／こしょう ── 少々
　　カレー粉 ── 大さじ2／パプリカ ── 小さじ1
　　小麦粉 ── 大さじ2
オリーブオイル ── 大さじ1
B　にんにく、しょうが各みじん切り ── 各大さじ1
　　オリーブオイル ── 大さじ1
C　玉ねぎ ── 2〜3個（すりおろして3カップ分）
　　にんじん ── 1本（すりおろして½カップ分）
D　クミンシード ── 小さじ1／ターメリック ── 小さじ1
　　クローブパウダー ── 小さじ½／レッドペッパー ── 小さじ1
　　カレー粉 ── 大さじ1〜1½
三温糖 ── 大さじ1
E　チキンスープ ── 2½カップ／白ワイン ── ½カップ
トマト水煮缶 ── 2カップ
F　塩 ── 小さじ1／しょうゆ ── 大さじ1
ご飯あるいはナン

作り方
1　鶏肉は余分な脂を包丁で除き、Aを合わせたものをまぶす。
2　鍋にオリーブオイルを熱し、鶏肉を入れて焼き色をつけ、取り出す。
3　2の鍋にBを入れ、焦がさないように鍋底をこそぎながら炒める。
Cを順に加え、水けがなくなるまで炒め、合わせたDを加えて、
さらによく炒める。
4　肉を鍋に戻し、三温糖を加え、さらにEを加えて
一度煮立て、アクと脂をすくう。
5　トマトの水煮をつぶして加え、弱火でふたをして30分、
焦げないようにときどき混ぜながら煮込む。
6　味をみてFで調え、さらに5分火を通す。
できれば、このまま粗熱がとぶまでおき、いただくときに温める。
ご飯あるいはナン、好みのものを合わせて。
• 市販のナンを使う場合、全体に霧を吹き、バターを塗って220℃のオーブンで7〜8分焼く。

one point
∴ 香ばしく焼きつけることで、香辛料の風味が肉によりなじみます。
∴ 鶏肉の皮をしっかりと焼いておくと、皮がとろりとやわらかく、おいしく仕上がります。

(左) 大きめにぶつ切りにした鶏肉は、カレー粉やパプリカをまぶし、焼き色をつけます。
(右) 鍋から鶏肉を取り出し、同じ鍋で、すりおろしたたっぷりの玉ねぎをじっくりと炒めます。

49

ご飯との相性バツグン
たっぷりの生野菜と合わせた、いわしの梅煮

材料　4人分
真いわし──4尾［頭と尾、腹わたを取り、3cmの筒切りに］
Ⓐ 水──1カップ
　 酒──1カップ
　 梅干し（大）──1個
　 しょうがみじん切り──大さじ1
赤唐辛子──1本
みりん──大さじ1
しょうゆ──大さじ3
大根──4cm［千切り］
ブロッコリースプラウト

作り方
1　Ⓐを鍋に入れて煮立て、いわしと赤唐辛子を加え、煮立ったらふたをして、弱火で約20分煮る。
2　みりん、しょうゆを加え、ふたをせずに5分煮る。
3　大根の上に盛り、スプラウトをあしらう。

one point
∴ いわしのほか、さばやさんま、青背の魚ならいずれも、同様の作り方でおいしく出来ます。

黒こしょうがピリッときいた、豚バラ肉と白菜のトロトロ煮

材料　4人分
- Ⓐ ごま油 —— 大さじ1
   にんにく、しょうが各みじん切り —— 各大さじ1
- 白菜 —— ½株 [3cm幅のざく切りに]
- 豚バラ肉 —— 300g [3cm大に切る]
- Ⓑ チキンスープ —— 1カップ
   酒 —— 1カップ
   水 —— 1カップ
- Ⓒ 塩 —— 小さじ1
   黒こしょう —— 小さじ1
- 卵黄 —— 4個
- 万能ねぎの小口切り —— 適量
- Ⓓ しょうゆ、米酢、ラー油などの辛味
- ご飯

作り方
1　鍋にⒶを合わせて中火にかけ、香りが立ったら白菜の芯の部分を先に加える。
2　途中バラ肉をはさみ込みながら、白菜の葉先を加える。
3　鍋いっぱいになったら、Ⓑを加え、ふたをしてやや弱めの中火にし、かさが減ったところで残りの白菜を加え、ふたをして弱火で、途中ときどき混ぜながら約30分煮る。
4　白菜がトロッとなったら、味をみてⒸで調える。
そのままいただいてもよいが、ご飯の上にのせて卵黄を落とし、ねぎをのせ、好みでⒹを合わせていただいても。
また、チキンスープとゆでたうどんを加えて煮込みうどんにしても。

鍋に入れたら弱火でそのまま。じっくり時間をかけて煮ると、より白菜の甘みが引き立ち極上の味に。

ビストロごはんの味わい
鶏もも肉の白ワイン煮、クリーミーマッシュポテト添え

材料　4人分
〈鶏肉煮込み〉
骨つき鶏もも下肉 —— 4本
A　塩 —— 小さじ1／こしょう —— 少々
　　パプリカ —— 小さじ1
小麦粉 —— ¼カップ
オリーブオイル —— 大さじ1
B　オリーブオイル —— 大さじ1
　　にんにくみじん切り —— 小さじ½
エシャロット —— 4本[みじん切り]
C　白ワイン —— 1カップ／チキンスープ —— 1カップ
D　レモンスライス —— 4枚
　　ローリエ —— 1枚
マッシュルーム —— 8個[石づきを取る]
E　薄口しょうゆ —— 大さじ1
　　こしょう —— 少々
〈マッシュポテト〉
じゃがいも —— 400g
F　牛乳 —— 1カップ／塩 —— 小さじ½
　　にんにく —— ½かけ／バター —— 大さじ1
　　白こしょう —— 少々

作り方
1　鶏肉は余分な脂を包丁で除き、皮全体に金串で穴をあける。
Aをもみ込んで小麦粉をまぶし、余分な粉ははらう。
2　鍋を中火にかけてオリーブオイルを熱し、
鶏もも肉を入れて両面を焼きつけ、取り出す。
3　2の鍋にBを入れて炒め、香りが立ったら
エシャロットを炒め、Cを加えて肉を戻す。
4　一度煮立てて、アクと脂を除き、Dを加え、ふたをして15分煮込む。
5　マッシュルームを加えてさらに10分煮込み、Eで味を調える。
6　マッシュポテトを作る。じゃがいもの皮をむいて薄切りにし、
水にさらす。たっぷりの湯でやわらかくなるまでゆでる。
水をきり、Fと合わせてじゃがいもをしっかりつぶす。
5とともに器に盛り、マッシュポテトには好みでパプリカを振る。

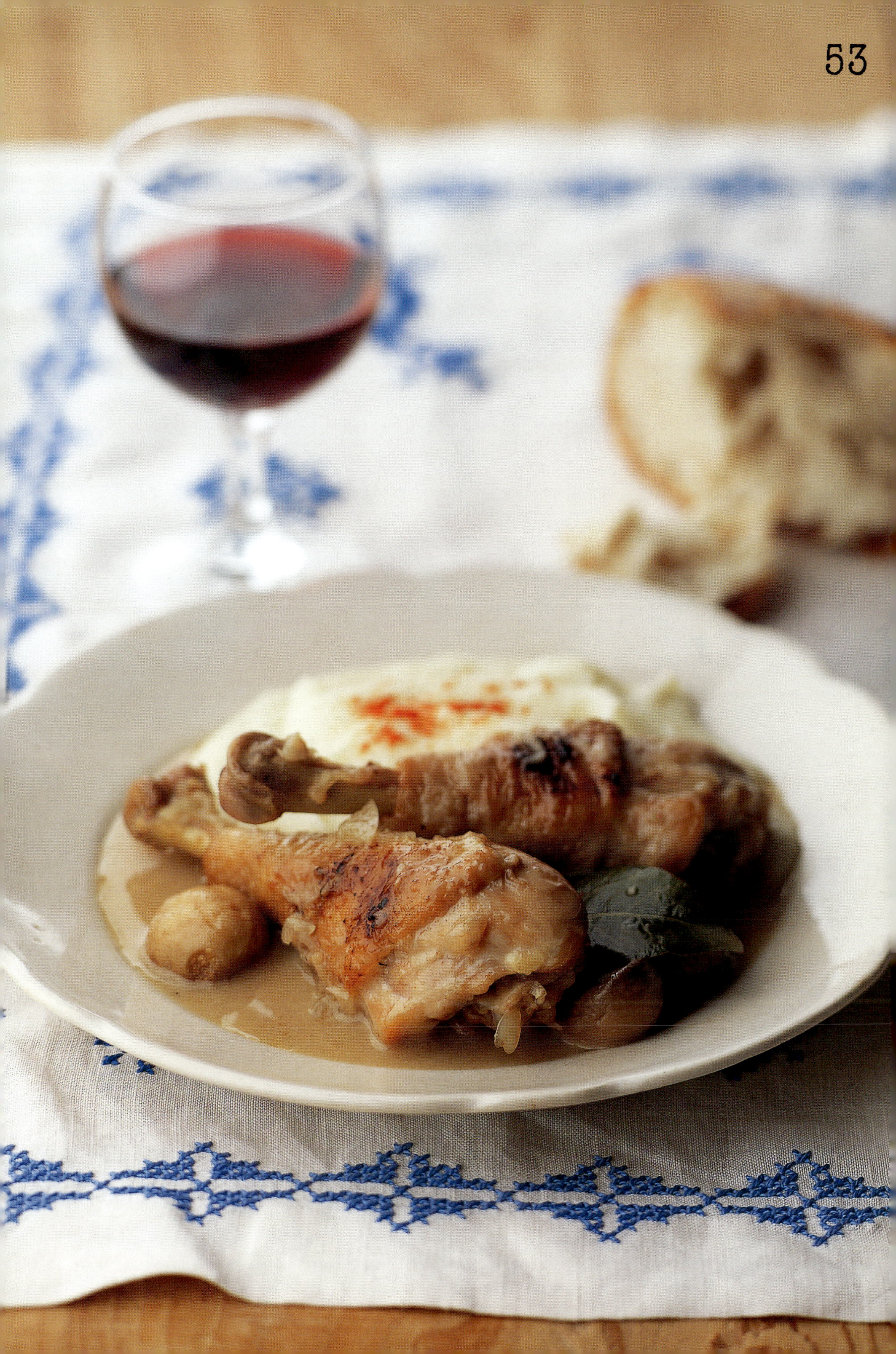

揚げものも、グラタンだって

微妙な火加減が必要な揚げものも、ムラなく熱がまわるル・クルーゼの鍋なら
温度が一定に保たれて、カラリと上手に出来ます。
また、焦げつきがちょっと心配なホワイトソースも、
厚い底と熱まわりのいい鍋のおかげでとろりなめらかに仕上がります。
これで本格グラタンも思いのまま！

しょうがたっぷり！
骨も皮も丸ごと使った、いわしの岩石揚げ

材料　4人分
真いわし ── 4尾（450g）
　　［頭と尾、内臓を取り3枚におろす］
A　しょうがみじん切り ── 大さじ2
　　塩 ── 小さじ½
　　こしょう ── 小さじ1
　　酒 ── 大さじ2
B　ねぎ ── ¼本［みじん切り］
　　ごぼう粗みじん ── ½カップ
ししとう ── 適宜［全体にようじで穴を開ける］
揚げ油
天然塩／すだちなどのかんきつ類

作り方
1　フードプロセッサーにいわしの骨を入れ、粗めに砕く。
さらに、ひと口大に切ったいわしの身を加えなめらかにする。
2　Aを1に加え、軽く合わせたところでボウルにうつし、
Bを加え合わせて、ピンポン玉大にまとめる。
3　中温に油を熱し、まずししとうを揚げ、色の変わったところで
取り出し、軽く天然塩をふっておく。ついで、2のいわしボールを揚げる。
天然塩を添え、すだちなどのかんきつ類を絞っていただく。

one point
∴ 残ったら、赤だしの椀だねにしたり、トマトソースで煮ても。
∴ 骨も皮も、いわし丸ごと入ってカルシウムたっぷり！
∴ フードプロセッサーがなければ包丁で叩いても。

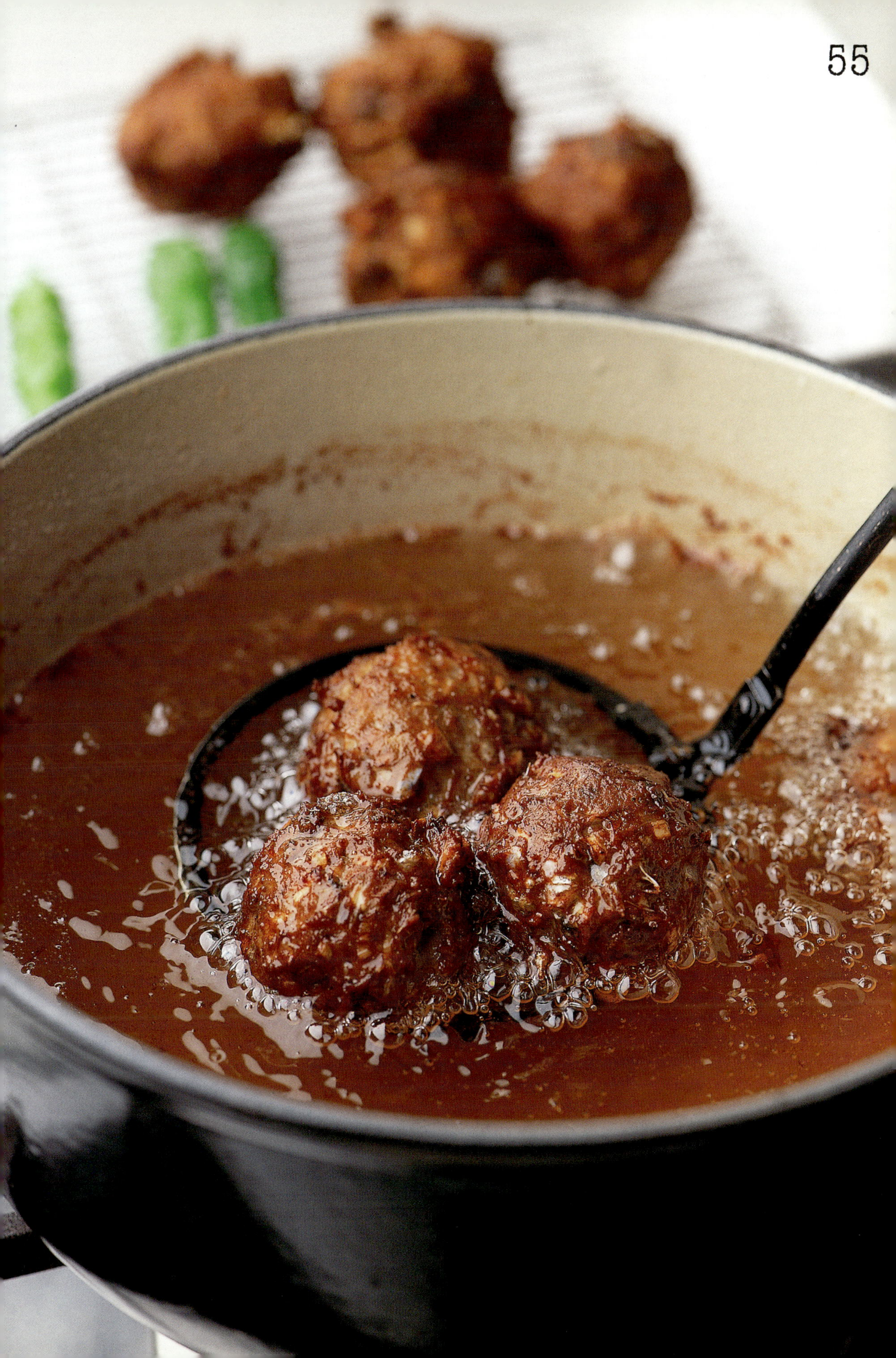

薄くつけた衣でヘルシー！
シーフードと野菜のシンプルフライ

材料　4人分
セージ──6〜8茎
花ズッキーニ──4本
　（なければズッキーニあるいは他の野菜でも）
やりいか──2はい
さい巻きえび──8尾
A　塩、こしょう──各少々
B　小麦粉──1/4カップ
　　片栗粉大さじ3
揚げ油
C　天然塩、レモン──各適宜

作り方
1　セージ、ズッキーニは洗い、水けを取る。
やりいかは内臓を抜き、あし、胴体は皮ごと3cm大に切り、水けを取る。
さい巻きえびはつのを切って頭と尾を落とし、
胴体は殻をむいて背開きにし、背わたを取って水けを取る。
いかとえびはAで下味をつける。
2　揚げ油を中温にする。野菜は揚げる前にBを軽くまぶし、
さっと揚げる。魚介は、Bを丁寧につけ、カリッと揚げる。
えびの頭も揚げる。揚げたてをCでいただく。

one point
∴　いかとえびの頭はしっかりと火が通るように揚げ、
えびの胴体は揚げすぎに注意します。
∴　いつもは料理の脇役、フレッシュセージをそのままフライに。
魚介といっしょにいただくと、さっぱりしたあと味、
さわやかな甘みがあとひくおいしさ！

たっぷり白菜と、ベルモットで風味づけしたキングサーモンのモッツァレラチーズグラタン

材料　4人分
白菜 ── 1/4株（約600g）
A　バター ── 大さじ4
　　にんにくみじん切り ── 小さじ1
　　玉ねぎ ── 1/2個
　　薄力粉 ── 大さじ3／牛乳 ── 500cc
　　アンチョビ[みじん切り] ── 大さじ1
　　塩、白こしょう ── 各少々
B　塩 ── 小さじ1/2
　　こしょう ── 少々
　　キングサーモン ── 2〜3切れ（約250g）
　　オリーブ油 ── 大さじ1
　　ドライベルモット ── 大さじ3
グリエールチーズ ── 50g[薄く切る]
青こしょう水煮[粗みじん] ── 大さじ1
モッツァレラチーズ ── 1個[手でほぐす]

作り方
1　白菜は葉と芯に分け、縦半分に切っておく。玉ねぎは薄切りにする。
2　ホワイトソースを作る。厚手の鍋にAのバターとにんにくを入れて火にかけ、木べらで炒め、バターが溶けて香りが立ったら、玉ねぎを加えてしんなりして焼き色がつく寸前まで炒める。薄力粉を加えてしっかりと炒める。牛乳を3回ぐらいに分けて加え、なめらかになるまで混ぜ合わせる。アンチョビを加え、味をみて塩、こしょうで薄味に味を調える。
3　サーモンの皮と骨をはずし5mm幅のそぎ切りにして、両面に塩、こしょうする。フライパンにオリーブ油を熱し、サーモンを両面焼き、ドライベルモットを加える。焼き汁は2に合わせる。
4　底が広めの耐熱容器にソースを薄く伸ばし、白菜の芯を、上下が互い違いになるよう置き、サーモン、グリエールチーズ、青こしょうを各1/3ずつ順に重ねていく。ソースをお玉1杯と半分ほどかけ、白菜の葉を加え、再度先ほどの材料を順に加え、残った葉を加え、残りの具材を順に加えて最後に残りのソースをすべて上からかける。モッツァレラチーズを散らし、白菜の葉の部分はソースの中に入れ込む。220℃のオーブンで約15分焼く。

なめらかホワイトソースが
マカロニにからんだ、
オールドファッショングラタン

材料　4人分
Ⓐ　バター──大さじ4
　　小麦粉──大さじ3
　　牛乳──2½カップ
　　パルメザンチーズ──大さじ2
オリーブオイル──大さじ1
鶏もも肉──1枚［皮と脂を除き2cm大に切る］
玉ねぎ──½個［2cmの薄切りに］
むき芝えび──100g［背わたを取り背開きにする］
白ワイン──大さじ2
Ⓑ　塩──小さじ½
　　白こしょう──少々
　　タラゴン──1茎
マカロニ──100g［塩大さじ1を加えてゆでておく］
Ⓒ　パルメザンチーズ──大さじ3
　　パン粉──大さじ2
　　バター──約大さじ1
パセリ［みじん切り］

作り方
1　Ⓐの材料でソースを作る。鍋を中火で温めて
バターが半分溶けたところで、小麦粉を入れ、混ぜながら、
鍋底から気泡が上がるまでよく炒める。ここに、3回に分けて
牛乳を加える。粉が水分を吸いきってなめらかになり、
大きな気泡がそこから上がってから、それぞれ2回目、
3回目の水分を加える。最後にパルメザンチーズを加える。
2　フライパンか厚手の鍋にオリーブオイルを熱し、
鶏もも肉を炒め、玉ねぎを加えさっと炒める。さらにえびを加え、
色の変わったところで、白ワイン、Ⓑを加えて味を調える。
3　2を1の鍋に戻し、さっと煮る。バターを塗った耐熱性の容器に
ゆでたマカロニと合わせて入れ、Ⓒを順に散らし、
220℃のオーブンで10分、魚焼きグリルの場合なら4〜5分焼く。
好みでパセリを散らす。

59

作り置きひとつ、アレンジ自在

毎日のごはん作りにフル回転のル・クルーゼ。
休日は、作り置きメニューにトライして、日々のごはん作りをもっとラクちんに。
「トマトソース」「ゆで鶏」、そして切り落とし肉で作る「牛肉の佃煮風」など、
他の素材をちょっと加えるだけでたちまち1品出来上がる、
アレンジの幅が広い3つの作り置き料理をアレンジレシピとともにご紹介。

2種のトマトを使ったトマトソース

材料　大きめの保存瓶約1本分
チェリートマト2パック＋
　完熟トマト3個 ── 計800g
ローリエ ── 2枚
Ⓐ オリーブオイル ── 大さじ1
　にんにく ── 1かけ
　玉ねぎ ── ½個[みじん切り]

作り方
1　トマトはへたを取らずにそのまま煮る。洗って水けを取り、チェリートマトは半分、大きいトマトは6〜8等分に切る。
2　Ⓐを合わせて鍋に入れ、1のトマト、ローリエを加え、ふたをせずに中火にかける。約15分、ソース状になるまで、ときどきかき回し、鍋の縁についたソースは鍋中に落としながら、火を通す。
3　手つきのざるなどでこし、清潔な保存瓶に取り置き、粗熱が取れたら冷蔵庫で保存する。

one point
∴ トマトは、へたに栄養が詰まっているので、へたごと煮ます。
∴ 2種のトマトを使えばうまみがグンとアップします。

(左)玉ねぎ、にんにくを炒めた鍋に、トマトをへたごと加えます。
(右)トマトの赤をきれいに残すため、ふたはせず、途中混ぜながら中火で煮ます。

【トマトソースを使って】
アンチョビを加えた、トマトソースのペンネ

材料　2人分
ペンネ ── 80〜100g
塩 ── 大さじ1
オリーブオイル ── 大さじ2
A　にんにくみじん切り ── 大さじ1
　　アンチョビフィレ ── 2枚
　　赤唐辛子 ── 1本
トマトソース（P.61）── 1カップ
白ワイン ── 1/4カップ
B　塩 ── 小さじ1/2
　　こしょう ── 少々

作り方
1　沸騰した湯に塩を加え、ペンネをアルデンテにゆでる。
2　オリーブオイルとAを合わせ、火にかけて炒め、香りが立ったらトマトソースを加える。
3　白ワインを加えて軽く煮詰め、Bを加え味を調える。
4　水けを軽くきったペンネを3に合わせ、さっとからめる。

【トマトソースを使って】
サワークリームでコクをプラス、ミートボールのトマトソース煮込み

材料　2人分
A 豚ひき肉 ── 200g ／鶏ひき肉 ── 200g
　パストラミハム ── 4枚［みじん切り］
　エシャロット ── 4本［みじん切り］
　米 ── 大さじ2／サワークリーム ── 大さじ2
　塩 ── 小さじ1/3／こしょう ── 少々
小麦粉 ── 少々
B オリーブオイル ── 大さじ2
　にんにく ── 1かけ［つぶす］
C 白ワイン ── 1/4カップ
　トマトソース（P.61） ── 1カップ
ケイパー ── 大さじ1
D 塩 ── 小さじ1/2／こしょう ── 少々
イタリアンパセリ［粗みじん］

作り方
1 Aを合わせてよく混ぜ、8個のボール状にまとめて、小麦粉を薄くまぶす。
2 鍋にBを合わせ、中火にかけて香りが立ったらミートボールを加え、全体に焼き色をつける。
3 2にCを加えて煮立て、ケイパーを加えふたをして煮る。Dで味を調える。仕上げにイタリアンパセリをあしらう。

レモンの香りでさっぱり、ゆで鶏

材料
鶏もも肉 —— 2枚
湯 —— 2ℓ
Ⓐ 小麦粉 —— ½カップ
　 白ワイン —— ½カップ
　 塩 —— 大さじ½
Ⓑ ローリエ —— 1枚
　 レモンスライス —— 2枚
　 セロリの葉 —— 少々

作り方
1　鍋に湯2ℓを沸かし、Ⓐを合わせて混ぜながら、鍋に溶き入れる。
2　皮全体に金串で穴をあけた鶏もも肉とⒷを、1に入れ、紙ぶたをして中火で約15分火を通す。
3　ゆで汁につけたまま冷まし、ゆで汁ごと密封容器に取り置く。冷蔵庫で3日保存可能。

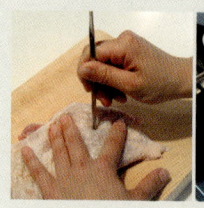

（左）鶏肉は、しっかり手で押さえて皮を伸ばしながら、金串で穴をあけます。
（右）肉によく味が入るよう、紙ぶたを落として中火で煮ます。

【ゆで鶏を使って】
きゅうりとみょうが、香り野菜を加えたさっぱり甘酢あえ

材料　2人分
きゅうり──2本
　　[両端を切り落とし、肉叩きなどの平らなもので叩く]
みょうが──2本[縦半分に切って斜め薄切りにし、
　　水にさらして絞る]
針しょうが──適量[しょうがを縦の繊維に添って
　　針のように細く切って水にさらし、水けをきる]
ゆで鶏(P.64)──1枚
　　[皮を除いて、食べやすい大きさに裂く]
〈甘酢〉
みりん──½カップ
A　塩──小さじ½
　　米酢──¼カップ
　　薄口しょうゆ──大さじ1

作り方
1　甘酢を作る。みりんを小さい鍋で半量に煮詰め、
Aを加えて火をとめ、冷ましておく。
この甘酢は冷蔵庫で長期保存可能。
2　器にきゅうり、みょうが、ゆで鶏を盛って甘酢をかけ、
針しょうがをあしらう。

【ゆで鶏を使って】
ゆで鶏とクリームチーズ、セロリのかんたんオープンサンド

材料　2人分
イギリスパン —— 適量
セロリ —— 適量
ゆで鶏（P.64）—— 適量
クリームチーズ —— 適量
マスタード —— 適量
塩、こしょう —— 各少々
きゅうりのピクルス
　（コルニション）

作り方
1　セロリは筋を取って、パンの幅に合わせてスライスする。
　ゆで鶏は½枚を5mm厚さに切り、塩、こしょう少々をふる。
2　トーストしたイギリスパンにクリームチーズと
　マスタードを塗り、1のセロリとゆで鶏をのせる。
　好みできゅうりのピクルスをのせていただく。

ごま油で香りをプラス、牛肉の佃煮風

材料
- A ごま油 ── 大さじ1
  しょうが千切り ── ½カップ
- 牛切り落とし肉 ── 500g［ひと口大に切る］
- 三温糖 ── 大さじ2
- B 酒 ── 1カップ
  水 ── ½カップ
- C しょうゆ ── ⅓カップ
  みりん ── 大さじ2

作り方
1 Aを鍋に合わせて炒め、香りが立ったら牛肉を加えて炒める。
2 肉の色が変わったら三温糖を加えてさらに炒め、Bを加え煮立てて火を弱め、ときどき混ぜながら汁けがひたひたになるまで煮詰める。
3 Cを加え汁けがなくなるまでいり煮にして出来上がり。保存容器で冷蔵すれば10日間保存可能。冷凍も可。

【牛肉の佃煮風を使って】
木の芽の香りが食欲をそそる、牛肉の混ぜご飯

材料　2人分
ご飯 —— 2膳分（かためがよい）
牛肉の佃煮風（P.67）—— 適量
木の芽 —— 適量

作り方
1　熱々のご飯に約½カップの牛肉の佃煮を入れ、切るように混ぜる。器に盛り木の芽をあしらう。
炊きあがりのご飯の場合は、ご飯を炊いた鍋に佃煮風を加え、切るように合わせ、10分蒸らす。

【牛肉の佃煮風を使って】
シャキシャキれんこんを混ぜ込んだ、牛肉と新ごぼうの定番煮もの

材料　2人分
ごま油 —— 大さじ½
A 新ごぼう —— 2本［皮ごと6cm長さに切る］
　れんこん —— 1節［皮をむいて6cm長さ、
　1cm角の拍子木切りに］
B 牛肉の佃煮風（P.67）—— 1カップ
　だし —— 1カップ
粉山椒

作り方
1　鍋にごま油を熱しAを炒め、Bを加えてさっと煮る。
2　器に盛り、粉山椒をふっていただく。

手軽にスイーツ

ご飯やおかずだけではありません。甘いごほうびだって
ル・クルーゼで。香りの強い料理を作ったあとのお鍋を使っても
大丈夫。鋳物（いもの）ホウロウだから、においが鍋に残らないのです。
コンフィチュールなど、今話題のメニューも
厚手鍋のル・クルーゼなら失敗なくかんたんに。
バニラアイスや蒸しケーキ、わらび餅など、
なつかしい素朴な味わいのお菓子もおまかせを！

和三盆の自然な甘みを味わう、ぷるんぷるんのわらび餅　黒みつといちご添え

材料　4人分
A わらび粉 ── 60g
　 和三盆 ── 200g
　 水 ── 約400cc
いちご、黒みつ（市販）── 適宜

作り方
1　Aをボウルに入れ、よく溶いて、一度こす。
2　鍋に入れ、約10〜15分、透き通るまでゴムべらで混ぜる。水で濡らした流し缶に流し入れ、氷水につけて冷やし固める。
3　ひと口大に切った2のわらび餅を器に盛り、芯を抜いたいちごを合わせ、好みで黒みつをかける。

71

卵たっぷりの素朴な味　甘栗入り、オリーブオイルの蒸しケーキ

材料　4人分・直径24cmの鍋を使用
A 卵（L玉）── 1個
　　卵黄 ── 2個
　　三温糖 ── ¼カップ
牛乳 ── ½カップ
市販のむき甘栗 ── 6個［半分に割る］
B 薄力粉 ── 1½カップ
　　ベーキングパウダー ── 小さじ½
オリーブオイル ── 大さじ2
C はちみつあるいはメープルシロップ

作り方
1　Aを合わせたボウルに牛乳を加える。
甘栗を合わせ、ふるったBを入れてさっと混ぜる。
さらにオリーブオイルを加えて混ぜ、10分おく。
2　鍋に水を入れて深さ3cm張り、それより少し高めの皿等を置く。
鍋に入る大きさのアルミのざるにクッキングシートを敷き、
1のたねを流す。
3　鍋に置いた皿の上に2のざるを置き、
ふたをして弱火で20〜25分蒸す。好みでCをかけていただく。

アルミ製のざるにクッキングシートなどを敷き、
ケーキのたねを流し入れ、蒸します。
高さのある皿を使えば、ル・クルーゼの鍋も
蒸し器に早変わり。

73

生クリームを使わないさっぱりした味わいの昔風カスタードアイスクリーム

材料　4人分
Ⓐ 牛乳 ── 2½カップ
　三温糖 ── ⅓カップ強
卵黄 ── 4個
板ゼラチン ── 2枚（3g）[水で20分もどす]
ローズマリー／ピスタチオ

作り方
1　Ⓐを鍋に入れて沸騰させ、三温糖を煮溶かす。
2　卵黄を溶いたボウルに1を少量ずつ加え、卵黄となじませる。
3　水けを絞ったゼラチンを2に加えて溶かし、冷やし固める。プロセッサーにかけてなめらかにし、器に盛る。ローズマリー、ピスタチオなど好みのものをトッピングしていただく。

冷たくしていただく、シナモンの風味がきいた
リンゴの赤ワイン煮

材料　4人分
紅玉、ふじなどのりんご —— 2個
　［皮と芯を除き、8つ切りにする］
A　三温糖 —— 1/3カップ
　　赤ワイン —— 1・1/2カップ
　　シナモンスティック —— 1本
　　ホールクローブ —— 小さじ1/2
　　レモン汁 —— 大さじ2
シナモンパウダー

作り方
1　鍋にりんごを敷き、Aを加えて、沸騰するまで中火、沸騰したらふたをし、弱めの中火で20分煮る。
2　20分煮たらふたを取り、粗熱をとばす。冷めたら、汁ごと冷蔵庫で冷やす。
3　そのまま器に盛りシナモンパウダーをふっていただくか、ヨーグルトや生クリームを添えていただいても。
また、煮汁はソーダ等で割ったドリンクにしてもおいしい。

青こしょうをきかせた大人の味、いちごとオレンジのコンフィチュール ダコワーズにたっぷりかけて

材料 4人分
〈ダコワーズ・直径6、7cm、10〜12コ分〉
A 卵白 — 4〜6個(200g)／グラニュー糖 — 50g
B 薄力粉 — 30g
　アーモンドプードル — 120g[軽くローストする]／粉砂糖 — 120g
C アーモンドダイス[5mm角]、粉砂糖 — 各適量
〈コンフィチュール〉
D オレンジ(大) — 1個
　いちご[へたをとる] — 約300〜320g
　青粒こしょう — 大さじ1弱／グラニュー糖 — 30g
E 生クリーム — 1カップ／アマレット — 大さじ2
セルフィーユ

作り方
1　ダコワーズを作る。Aの卵白にグラニュー糖を加えて、つのが立つまで泡立てる。Bのアーモンドプードルを100℃のオーブンで約20分焼いて水分をとばしたあと、Bの材料をすべて合わせてふるっておく。
2　大きめのボウルにAを1/3、Bを1/3量合わせ、切るようにしながら、泡を消さないよう軽く混ぜ合わせる。これを3回繰り返し、材料を全て合わせる。
3　天板にオーブンシートを敷く(もしくはバターを塗っておく)。2をお玉ひとすくい分、直径約6、7cm、厚み約3〜4cmの大きさで天板にのせる。茶こしを通してそれぞれの上にCの粉砂糖をふるい、アーモンドダイスを全体に散らす。
4　200℃のオーブンで3分、160℃に下げて7〜8分焼く。竹串を通して何もついてこなければ、そのまま余熱で2分おく。天板ごと取り出し、粗熱が取れたらオーブンシートをはがしてまな板の上で冷ます。
5　コンフィチュールを作る。Dのいちごは芯を取り除き、ペーパータオルで水けを取り、手で2〜3つに裂く。
6　オレンジはニューヨークカット(皮をむいて房と房の間に包丁を入れ、果肉だけにする)に切り、ジュースも絞って使う。青粒こしょうは粗みじん切りにする。
7　鍋にDを合わせてふたをせず、弱めの中火で混ぜながら、汁けがヒタヒタよりちょっと少なめになるまで煮詰める。色をきれいに残すため、すぐに器に取り、氷水で冷ます。
8　Eの生クリームはまず五分立てにしてから、アマレットを加えて八分立てにする。
9　ダコワーズに生クリーム、コンフィチュールを添え、セルフィーユをあしらう。

(左)いちご、オレンジを鍋に入れ、弱めの中火で煮詰めていきます。このとき青こしょうの粒を加えて、スパイシーな大人の味のコンフィチュールに。
(右)フルーツの色をきれいに残すため、煮上がったらすぐにボウルに移し、ボウルよりひと回り大きい器に入れた氷水につけて、粗熱を取ります。

77

食材別索引

あ

アスパラガス
緑野菜のスープ煮 36

いか
するめいかと里いもの田舎煮 26
シーフードと野菜のシンプルフライ 56

いわし
いわしの梅煮 50
いわしの岩石揚げ 54

えび
シーフードと野菜のシンプルフライ 56
オールドファッショングラタン 58

か

かぶ
かぶのシンプルポタージュ 16
かぶと干しえびのかんたん煮もの 34

きのこ類
たっぷり野菜としめじ入り牛肉のラグー 46
鶏もも肉の白ワイン煮マッシュポテト添え 52

キャベツ
ソーセージとじゃがいも、キャベツの酸っぱい煮込み 32
緑野菜のスープ煮 36

きゅうり
きゅうりとみょうがのさっぱり甘酢あえ 65

牛肉
ボリュームたっぷりの肉じゃが 20
かくし味いっぱいのかんたんハヤシライス 24
牛肉と大根、キムチのピリ辛煮もの 42
たっぷり野菜としめじ入り牛肉のラグー 46
ごま油で香りをプラス、牛肉の佃煮風 67
牛肉の混ぜご飯 68
れんこん、牛肉、新ごぼうの定番煮もの 69

グリンピース
かくし味いっぱいのかんたんハヤシライス 24
緑野菜のスープ煮 36

米
黒豆ときび入りの、もちもち玄米ご飯 06
贅沢かにピラフ 08
きのことごぼうの玄米チーズリゾット 09
干しえび、じゃがいも入りのほくほく炊き込みご飯 10
牛肉の混ぜご飯 68

ごぼう
きのことごぼうの玄米チーズリゾット 09
たっぷりの野菜を加えた七彩豚汁 12
お母さんのなつかしポークカレー 22
ごぼうとれんこんのアンチョビ煮 サワークリームあえ 27
スペアリブとれんこん、ごぼうのヘルシー筑前煮 30
いわしの岩石揚げ 54
れんこん、牛肉、新ごぼうの定番煮もの 69

さ

サーモン
キングサーモンのモッツァレラチーズグラタン 57

里いも
するめいかと里いもの田舎煮 26

さば
ハーブの香りがきいたさばの赤ワイン煮 28

じゃがいも
干しえび、じゃがいも入りのほくほく炊き込みご飯 10
ボリュームたっぷりの肉じゃが 20
お母さんのなつかしポークカレー 22
ソーセージとじゃがいも、キャベツの酸っぱい煮込み 32
鶏もも肉の白ワイン煮マッシュポテト添え 52

セロリ
ハーブの香りがきいたさばの赤ワイン煮 28
たっぷり野菜としめじ入り牛肉のラグー 46
ゆで鶏とクリームチーズ、セロリのかんたんオープンサンド 66

ソーセージ
ソーセージとじゃがいも、キャベツの酸っぱい煮込み 32

た

大根
たっぷりの野菜を加えた七彩豚汁 12
千切り大根のナンプラー煮 35
牛肉と大根、キムチのピリ辛煮もの 42
いわしの梅煮 50

竹の子
竹の子のシンプルおかか煮 38

卵
チャイニーズコーンスープ 17
トマトとベーコンのふんわり卵スープ 18
かくし味いっぱいのかんたんハヤシライス 24
豚かたまり肉とゆで卵のしょうゆ煮 44

豚バラ肉と白菜のトロトロ煮 51
甘栗入りオリーブオイルの蒸しケーキ 72
昔風カスタードアイスクリーム 74

玉ねぎ
お母さんのなつかしポークカレー 22
かくし味いっぱいのかんたんハヤシライス 24
たっぷり野菜としめじ入り牛肉のラグー 46
インド風チキンカレー 48
キングサーモンのモッツァレラチーズグラタン 57
オールドファッショングラタン 58
2種のトマトを使ったトマトソース 61

とうもろこし
チャイニーズコーンスープ 17

トマト
トマトとベーコンのふんわり卵スープ 18
ハーブの香りがきいたさばの赤ワイン煮 28
たっぷり野菜としめじ入り牛肉のラグー 46
2種のトマトを使ったトマトソース 61
トマトソースのペンネ 62
ミートボールのトマトソース煮込み 63

ドライトマト
きのことごぼうの玄米チーズリゾット 09
たっぷり野菜としめじ入り牛肉のラグー 46

鶏肉
インド風チキンカレー 48
鶏もも肉の白ワイン煮マッシュポテト添え 52
オールドファッショングラタン 58
ミートボールのトマトソース煮込み 63
レモンの香りでさっぱり、ゆで鶏 64
きゅうりとみょうがの甘酢あえ 65
ゆで鶏とクリームチーズ、セロリのオープンサンド 66

な

なす
黒ごまたっぷりのなすの煮もの 39

にんじん
たっぷりの野菜を加えた七彩豚汁 12
豆乳とにんじんのあっさりクリーミーポタージュ 14
お母さんのなつかしポークカレー 22
スペアリブとれんこん、ごぼうのヘルシー筑前煮 30
たっぷり野菜としめじ入り牛肉のラグー 46
インド風チキンカレー 48

は

白菜
豚バラ肉と白菜のトロトロ煮 51
キングサーモンのモッツァレラチーズグラタン 57

パプリカ
ハーブの香りがきいたさばの赤ワイン煮 28

ピーマン
たっぷり野菜としめじ入り牛肉のラグー 46

干しえび
干しえび、じゃがいも入りのほくほく炊き込みご飯 10
かぶと干しえびのかんたん煮もの 34

干ししいたけ
きのことごぼうの玄米チーズリゾット 09
切り干し大根ときくらげ、豚肉のしっかり味の煮もの 40

豚肉
たっぷりの野菜を加えた七彩豚汁 12
お母さんのなつかしポークカレー 22
スペアリブとれんこん、ごぼうのヘルシー筑前煮 30
切り干し大根ときくらげ、豚肉のしっかり味の煮もの 40
豚かたまり肉とゆで卵のしょうゆ煮 44
豚バラ肉と白菜のトロトロ煮 51
ミートボールのトマトソース煮込み 63

ベーコン
トマトとベーコンのふんわり卵スープ 18
ソーセージとじゃがいも、キャベツの酸っぱい煮込み 32

ま

みょうが
黒ごまたっぷりのなすの煮もの 39
きゅうりとみょうがのさっぱり甘酢あえ 65

ら

れんこん
お母さんのなつかしポークカレー 22
ごぼうとれんこんのアンチョビ煮 サワークリームあえ 27
スペアリブとれんこん、ごぼうのヘルシー筑前煮 30
れんこん、牛肉、新ごぼうの定番煮もの 69

松田美智子　まつだみちこ

料理研究家 テーブルコーディネーター。
1955年、東京に生まれ、鎌倉に育つ。ホルトハウス房子氏に師事し各国の家庭料理を学ぶ一方、日本料理、中国家庭料理を究める。1993年より「松田美智子料理教室」主宰。
季節感を大切にした、お洒落で作りやすい料理作りに取り組む。
日々の暮らしに生かせるテーブルコーディネート、各種メニュー・システムキッチン開発、雑誌・テレビ・講演など、幅広く活躍中。料理レシピの著作も多数。
最近のテーマは日本のスローフード。「シンプルイズベスト」が基本。
http://www.m-cooking.com/

協力　ル・クルーゼ ジャポン株式会社
　　　Tel.03-3585-0197（代表）http://www.lecreuset.co.jp/

撮影　石井宏明
ブックデザイン　伊丹友広　大野美奈（IT IS DESIGN）
スタイリング　西村千寿
調理アシスタント　栗田栄美（松田美智子料理教室）
校正　三井春樹
構成・文　松下敦子

ル・クルーゼで日々のごはん

2005年9月20日　初版印刷
2005年9月30日　初版発行

著　者　松田美智子
発行者　若森繁男
発行所　株式会社河出書房新社
　　　　〒151-0051　東京都渋谷区千駄ヶ谷2-32-2
電　話　03-3404-8611（編集）03-3404-1201（営業）
　　　　http://www.kawade.co.jp/
DTP　レミントン社
印　刷　大日本印刷株式会社
製　本　大日本印刷株式会社

© 2005 Kawade Shobo Shinsha,Publishers
Printed in Japan　ISBN 4-309-28025-0

定価はカバーに表示してあります。落丁・乱丁本はお取り替えいたします。
本書の無断転載（コピー）は著作権法上での例外をのぞき、禁止されています。